Christina Danisio
Komm mit nach Australien!

Dieses Buch ist für alle Kinder gedacht, die neugierig
auf das andere Ende der Welt sind.
Und für alle – Groß und Klein - die jetzt neugierig werden…

Ein herzliches Dankeschön an die Kinder der Klasse 3a der Grundschule
Planegg und ihre Lehrerin, Frau Albrecht, die uns viele spannende Fragen
geschickt haben.

Viel Spaß beim Lesen!

Christina Danisio

Komm mit nach Australien!

Alexander sucht spannende Geschichten für seine Schulklasse

© 2015 Christina Danisio

www.cdsprachen.jimdo.com

Fotografien: **Christina Danisio**
Herstellung und Verlag: BoD – Books on Demand, Norderstedt
ISBN: 9783734761553

Inhalt

Einleitung	7
Allgemeine Informationen	9
Melbourne – Eukalyptusbäume	12
Phillip Island - Pinguinparade	16
Banksien, australisches Essen und Ozonloch	19
Great Ocean Road - Koalas	23
Schiffswrackküste - Leuchttürme	26
Ballarat - Gold	30
Brisbane - Überschwemmungen und Tiere	36
Schule und Sport	40
Landrechte der Ureinwohner	45
Angeln, Sterne und noch mehr Tiere	47
Ureinwohner Australiens	53
Port Macquarie - Koalakrankenhaus	60
Surfen	63
Regenwald	64
Port Stephens - Delphine und *Kookaburras*	70
Great Barrier Reef	73
Sydney – Ostern in Australien	74

Hallo,

das bin ich, **A**lexander. Eigentlich bin ich ein ganz normales Schulkind in der dritten Klasse, doch für ein paar Wochen war ich etwas Besonderes: ich war der „Australienagent"!
Meine Eltern haben mich für sechs Wochen mit nach Australien genommen, während meine Mitschüler weiter zur Schule gingen. Aber Hausaufgaben musste ich trotzdem machen. Jeden Tag, egal wo wir gerade waren.

Außerdem war meine Schulklasse sozusagen „mit dabei", denn sie haben mir knifflige Fragen mit auf den Weg gegeben, die ich als „Agent" vor Ort lösen musste. Und sie wollten ganz schön viel wissen ...

Bist Du jetzt neugierig geworden, was wir alles herausgefunden haben? So viel sei verraten: wir haben Gold geschürft und surfen gelernt, echte Schiffswrackteile entdeckt und eine Grundschule besucht. Ein australischer Ureinwohner hat uns sogar erklärt, wie seine Vorfahren früher lebten.

Wenn Du jetzt mehr wissen willst, dann blättere weiter ....

Australien

Was weißt Du darüber?
Wo liegt es?
Ist es groß, klein?
Gibt es viele Einwohner?
Welche Sprache sprechen sie?
Ist es dort warm oder kalt?

Hier bekommst Du ein paar **allgemeine Informationen**:

Australien ist die größte Insel der Welt und gleichzeitig ein Land sowie ein Erdteil. In Australien wird Englisch gesprochen.

Und es ist riesig: 21 Mal passt Deutschland in die Fläche Australiens. Aber dort leben nur 22,5 Millionen Menschen, während es in Deutschland 82,1 Millionen sind.

Um zu wissen, wo es liegt, musst Du den Globus einmal drehen und mit Deinem Finger genau auf die andere Seite der Welt gehen. Australien „hängt" sozusagen am anderen Ende der Welt. Deshalb heißt es auf Englisch auch *Down Under* also „dort unten" …

Obwohl „dort unten" keiner auf dem Kopf steht, ist vieles in Australien genau anders herum als in Deutschland: wenn bei uns Winter ist, ist dort Sommer, wenn bei uns Nacht ist, ist dort gerade Tag. Das bedeutet auch, dass die Australier im Hochsommer Weihnachten feiern und dann zum Baden an den Strand gehen.

Selbst die Tiere sind ganz anders als bei uns. Dort leben so genannte Beuteltiere. Sie heißen so, weil sie ihre Jungen in einem Beutel mit sich herumtragen bis sie alt genug sind, um alleine zu laufen. Am bekanntesten sind sicher die Kängurus und Koalas.

Ungefähr 60 verschiedene Känguruarten gibt es in Australien: kleine Zottel-Hasenkängurus, Baumkängurus, Felsenkängurus, Rote Riesenkängurus und noch einige mehr. Ebenfalls zur Familie der Kängurus gehört das relativ kleine *Wallaby*. Während Kängurus und *Wallabies* mit großen Sprüngen unterwegs sind, bewegen sich die Koalas auf den Bäumen nur in Zeitlupentempo. Eigentlich schlafen sie fast die ganze Zeit und trinken nicht einmal. Warum das so ist, verrate ich Dir später...

Es gibt aber noch ganz ausgefallene Tiere, wie zum Beispiel den *Echidna*, den Ameisenigel. Er sieht unserem Igel sehr ähnlich, ist aber größer und hat einen langen Rüssel, mit dem er in der Erde nach Ameisen und Würmern sucht. Der Ameisenigel und das *Platypus*, also das Schnabeltier, sind die einzigen Tiere auf der Welt, die Säugetiere sind und dennoch Eier legen. Das Schnabeltier gibt es nur noch in Australien, aber es ist so scheu, dass man es fast nie zu sehen bekommt. Es wird erst nachts aktiv und lebt hauptsächlich im Wasser. Mit seinem Entenschnabel und dem Biberschwanz sieht es äußerst sonderbar aus.

Während diese Tiere niedlich und harmlos sind, gibt es in Australien auch sehr giftige Tiere, wie zum Beispiel Schlangen und Spinnen. Am allergefährlichsten sind jedoch die Würfelquallen, weil man sie im Meer beim Schwimmen kaum sehen kann. Noch weniger sieht man die winzigen, aber auch hochgiftigen *Irukandji*-Quallen. All diese Quallen leben im Meer an der Nordostküste Australiens und sind von Oktober bis Mai eine Gefahr. Während der restlichen Zeit des Jahres kann man baden.

Auch sonst passiert nur sehr selten etwas, weil die Tiere selbst Angst vor den Menschen haben und scheu sind. Dennoch muss man in Australien vorsichtiger sein als in Deutschland, wenn man im *Bush* – so werden die Wälder und Steppen außerhalb der Städte bezeichnet – spazieren geht. Am besten man trägt feste Schuhe und hält immer die Augen offen, wo man seine Füße hinsetzt. Mit der Hand unter Steine oder in dunkle Ecken sollte man auch auf keinen Fall greifen!

Sogar Krokodile gibt es in Australien, aber nur ganz oben im Norden. Die Leistenkrokodile können bis zu sieben Meter lang werden und fressen so gut wie alles, was sich bewegt. Über Flussläufe gelangen sie auch in Teiche oder Flüsse weit weg vom Meer. Da kann man nicht einfach so in einem Tümpel baden oder am Fluss spielen. Aber dort oben im Norden leben auch nicht viele Menschen.

Die meisten Australier leben an der Ostküste weiter südlich in den großen Städten. Die größten Städte dort heißen Sydney, Melbourne und Brisbane. Das Landesinnere, das die Australier *Outback* nennen, ist relativ menschenleer. Dort wird es sehr, sehr heiß und regnet äußerst selten. Auch oben im Norden Australiens ist es heiß, unten im Süden dagegen etwas kühler.

Um nach Australien zu gelangen, muss man von Deutschland aus fast 24 Stunden lang mit dem Flugzeug fliegen. Das sind ein ganzer Tag und eine ganze Nacht! Wenn man dann ankommt, ist man erst einmal hundemüde, denn die Zeit ist ja genau anders herum. Landet man also nachmittags um drei Uhr, dann ist es eigentlich ein oder zwei Uhr nachts. Da dauert es ein paar Tage, bis man sich daran gewöhnt hat. Los geht's!

23.2.2013

Liebe **K**inder,

nach einer sehr, sehr langen Reise bin ich endlich angekommen!

Ich war bei unserer Ankunft in **Melbourne** aber so müde, dass ich meinen Koffer am Flughafen stehen gelassen habe. Da waren meine Spielsachen und sogar meine Sandalen drin. Zum Glück wurde er gefunden und am nächsten Tag angeliefert. Ich war vielleicht erleichtert!

Anschließend sind wir drei Stunden lang mit dem Auto nach Süden an die Küste gefahren, wo unsere Freundin Rose ein Ferienhaus besitzt. Wegen der Zeitverschiebung haben wir bis Mittag geschlafen und waren immer noch todmüde. Dann sind wir gleich an den Strand zum Baden. Doch als ich ins Wasser wollte, merkte ich, wie kalt es war! Hier im Süden Australiens sind wir einfach schon nahe an der Antarktis. Das fühlt man!

Unterwegs haben wir am Straßenrand unsere ersten Kängurus gesehen. Eins ist uns fast vors Auto gehüpft! Habe ihm meinen Apfelrest hingeworfen, mochte es aber nicht …

Dann habe ich einen toten *Wombat* neben der Straße entdeckt. Wisst Ihr eigentlich, was ein *Wombat* ist? Das ist ebenfalls ein Beuteltier, das wie ein Bär mit kurzen Beinen aussieht. Schade, dass er tot war. Hoffentlich sehe ich in den nächsten Wochen einen Lebendigen. Rose meint aber, dass der Wombat hauptsächlich nachts aktiv ist und tagsüber schläft.

Sie hat uns auch die Bäume und Pflanzen hier erklärt. Es gibt sonderbare „Zapfen"-Bäume mit einem noch sonderbareren Namen: **Banksien**.

Außerdem wachsen hier Hunderte von **Eukalyptusarten**, deren Blätter das ganze Jahr über grün sind. Die Bäume werfen nämlich nicht ihre Blätter, sondern ihre Rinde ab. Die Blätter hängen nach unten, damit nicht so viel Feuchtigkeit verdampfen kann. Deshalb halten die Bäume die Hitze so gut aus. Sogar Feuer überleben sie.

Kurz bevor wir los geflogen sind, war es so heiß und trocken, dass über 100 Buschbrände an der Südostküste Australiens wüteten. Die ätherischen Öle der vielen Eukalyptusbäume brennen sehr leicht, das macht es noch schlimmer. Weht dann ein starker Wind, werden die Funken bis zu 25 km weit transportiert und die Feuer breiten sich schnell aus. Klimaforscher sagen voraus, dass es in den nächsten Jahren noch heißer wird. Dann steigt die Feuergefahr weiter an.

Doch die Eukalyptusbäume besitzen eine besondere Fähigkeit, solche Feuer zu überleben. Sie tragen nämlich die Keimlinge für neue Bäume tief in ihrem Stamm, so dass sie gut geschützt sind. Wenige Wochen nach so einem Feuer sprießt dann bereits das erste Grün! Eigentlich wachsen sie nach dem Feuer sogar noch besser, das heißt das Feuer „heizt" den Keimlingen richtig ein, damit sie aktiv werden.

Inzwischen hat es fürchterlich zu regnen begonnen, den ganzen Tag schon. Daher haben wir ein kleines Museum besucht, wo neben Muscheln auch Seesterne und Riesenkrebse ausgestellt waren. Sogar echte, wenn auch kleine Dinosaurierknochen konnte ich anschauen. Die hat man hier an der Küste zusammen mit Dinosaurierfußspuren entdeckt. Selbst heute noch finden Spaziergänger hier in der Gegend Fossilien. Ich habe am Nachmittag auch lange am Strand herumgesucht, aber nichts, aber auch gar nichts gefunden. Schade!

Hoffentlich wird das Wetter morgen besser, denn sonst können wir nicht zur Pinguinparade nach Phillip Island. Das ist eine Insel, die nicht weit weg von hier liegt und wo man echte Pinguine am Strand beobachten kann. Bisher habe ich sie nur im Zoo gesehen. Bin schon aufgeregt, wie das wird! Was soll ich dort für Euch in Erfahrung bringen?

Euer Alexander

P.S. Ich habe heute zum Frühstück Toast mit *Vegemite* gegessen. Das ist typisch australisch und die Kinder hier essen es häufig. Ich fand es auch lecker, aber meine Eltern haben sich gewundert, weil es normalerweise Nichtaustralier gar nicht mögen Es ist nämlich ein salziger Hefeaufstrich. Nicht einmal probieren wollten sie es!

24.2.2013

Lieber **A**lexander,
Du hast es gut. Du kannst baden gehen, auch wenn das Wasser nicht so warm ist. Hier dagegen schneit es und ist eiskalt!

Gestern haben wir Koalabilder gemalt und uns gefragt, wie genau diese Eukalyptusbäume aussehen, auf denen sie leben. Gibt es in Australien eigentlich nur Eukalyptusbäume oder auch Tannen und Fichten wie hier? Und wieso tragen die Bäume mit den Zapfen so einen seltsamen Namen?

Hoffentlich hat es mit den Pinguinen geklappt und Du hast sie gesehen! Aber warum heißt es **Pinguin-„Parade"**? Laufen die Pinguine wie Soldaten auf und ab und müssen etwas bewachen? Und wie viele leben dort auf der Insel? Was für Pinguine sind es? Heißen sie „australische" Pinguine? Ist es denn in Australien nicht zu heiß für sie? Da ist es doch „tropisch" oder? Wir dachten eigentlich, Pinguine gibt es nur in der Antarktis …
Fressen sie auch Eukalyptusblätter wie die Koalas? Und was isst Du denn alles in Australien – außer diesem komischen *Vegemite*?

Wie heiß ist es jetzt bei Dir? Hast Du inzwischen einen Sonnenbrand?
Sind Dir schon gefährliche Tiere wie Schlangen oder Spinnen über den Weg gelaufen? Was machst Du, wenn Dir welche begegnen?
Wir sind echt neugierig!
Liebe Grüße

Deine Klasse 3a

26.2.2013

Liebe Kinder,

zum Glück hat der Regen aufgehört und wir konnten doch nach **Phillip Island** fahren.

Ich habe dort einen *Ranger*, also einen Aufseher, gefragt, warum es „Parade" heißt. Er hat mir erklärt, dass die Pinguine jeden Tag pünktlich nach Sonnenuntergang aus dem Wasser gewatschelt kommen. Da immer mehrere gleichzeitig heraus "marschieren" und viele Menschen dabei zuschauen, nennt man das eine „Parade" – wie bei einer Militärparade, wo die Soldaten aufmarschieren.

Die Pinguine sind wirklich aus dem Wasser gekommen, sobald die Sonne untergegangen war. Am Wasserrand sind sie stehen geblieben und haben gewartet, bis „die Luft rein" war. „Die Luft rein" bedeutet hier, dass sie sich umsehen, ob Feinde in der Nähe sind. Raubvögel wie große Möwen, die so genannten Raubmöwen, fressen gerne mal so einen kleinen Pinguin. Das ist auch der Grund, warum sie erst bei Sonnenuntergang herauskommen. Dann sind sie nämlich nicht mehr so leicht zu sehen.

Auch für uns war es nicht einfach, sie zu erkennen. Ein Pinguin hat sich anscheinend verlaufen und war ganz alleine unterwegs. Der ist nur einen Meter an mir vorbeigekommen. Somit konnte ich ihn bestens beobachten!

In Australien, aber auch in Neuseeland, leben die so genannten Zwergpinguine. Das sind die kleinsten Pinguine der Welt. Nur 33 bis 43 cm werden sie groß. Überhaupt gibt es Pinguine ausschließlich auf der südlichen Erdhalbkugel, wo ja auch die Antarktis liegt. Und in Australien ist der Norden wirklich zu heiß für sie, sie leben nur hier unten im Süden.

Der Süden Australiens ist allerdings gar nicht tropisch. Es wird zwar tagsüber bis zu 30 Grad heiß, aber nur jetzt im Sommer und das auch nicht immer. Heute und gestern war es eher kühl, um die 20 Grad. Die Pinguine halten sich meistens im Meer auf und das hat hier immer 15 bis 21 Grad. Es kann den Pinguinen also nicht zu warm werden!

Eukalyptusblätter fressen die Pinguine nicht, sondern Fische. Wenn sie gerade Küken haben, dann fangen sie die Fische im Meer für ihre Kleinen und behalten sie im Schnabel bis sie wieder an Land sind. Anschließend würgen sie eine Art Fischsuppe hoch und füttern sie in die Schnäbel der Küken. Nach ungefähr 8 bis 11 Wochen mausern sich die Kleinen, das heißt, sie verlieren ihre Federn. Dann wächst ihnen ein neues Federkleid, das wasserdicht ist. Damit können sie selber los schwimmen und Fische fangen.

Der *Ranger* hat mir noch erzählt, dass ein Pinguin zwei Wochen und länger auf dem Meer bleiben kann. Er schläft dann auf dem Rücken schwimmend. Allerdings döst er nur vor sich hin und bleibt wachsam. Viel Schlaf braucht er nämlich nicht.

Ihr wolltet wissen, wie viele Pinguine auf Phillip Island leben. Es sind 5 bis 6 000! Jeden Abend kommen über Tausend von ihnen an Land gewatschelt. Vorgestern waren es genau 1 252. Habe ich auf einer Anzeigetafel ablesen können. Aber es kommen nicht alle auf einmal, sondern immer nur kleine Grüppchen von 10 bis 20 Pinguinen und auch ganz langsam. Nach einer Stunde hat es mir gereicht, also habe ich nicht alle Tausend gesehen. Bis die alle rausgewatschelt sind, muss man wohl die ganze Nacht sitzen bleiben.

Sobald sie an Land sind, fangen sie an, nach ihren Küken zu rufen. Dabei schreien sie ganz schön herum! Man kann neben den Pinguinen auf Holzwegen entlanglaufen und zusehen, wie sie ihre Nester in den Büschen suchen. Das war toll, so nahe dran zu sein.

Und jetzt zu Euren anderen Fragen:

Die „seltsamen" Pflanzen, die **Banksien**, verdanken ihren Namen einem Botaniker, Herrn Joseph Banks, der mit dem englischen Kapitän James Cook 1770 als Erster an der Ostküste Australiens gelandet ist. Tannen und Fichten wie in Deutschland gibt es hier nicht. Die meisten Bäume sind wirklich Eukalyptusbäume.

Was die Australier so **essen**, ist ganz einfach: das Gleiche wie wir! Nur das Brot ist so eine Art Toastbrot, also weich und labbrig. Kein Vergleich zu unserem leckeren Schwarzbrot! Aber obwohl wir verschiedene Sorten durchprobiert haben, schmeckt eigentlich alles gleich. Ansonsten esse ich ganz viel asiatisch, weil unsere Freunde das so gerne kochen und es in Australien viele Chinesen, Inder, Indonesier und andere Asiaten gibt. Die Küche ist davon stark beeinflusst.

Gestern wollte ich Pommes frites bestellen, aber die heißen hier *Chips*. Unsere Chips heißen hier *Crisps* - ganz schön verwirrend! Australier essen sehr gerne *Fish and Chips*, also panierten Fisch mit Pommes frites. Habe ich noch nicht probiert. Mal sehen, wie es schmeckt.

Einen Sonnenbrand habe ich nicht, weil wir uns jeden Morgen mit Sonnenschutzfaktor 50 eincremen, bevor wir aus dem Haus gehen. Das nervt, aber es muss sein, sagt meine Mama. Ohne Kopfbedeckung kann man auch nicht raus, sonst bekommt man Kopfschmerzen. Habe ich gemerkt, als ich mal ohne Hut eine halbe Stunde draußen war. Und das war morgens um 8 Uhr!

Gut, dass ich einen tollen breitkrempigen Lederhut bekommen habe. Den setze ich gerne und immer auf. Eine Sonnenbrille brauche ich auch ständig, denn sonst brennen mir gleich die Augen.

Muss wohl am **Ozonloch** liegen, dass die Sonne hier so stark ist. Die Ozonschicht, die die Erde umgibt, hat nämlich über der Antarktis - also in der Nähe Australiens - ein Loch. Durch dieses Loch kann die Sonne ungefiltert scheinen. Das bedeutet, dass die gefährlichen UV-Strahlen durchkommen, die Hautkrebs erzeugen können. Die Ozonschicht ist also eine Art „Schutzschirm" rund um die Erde. Wusstet ihr das?

Die Sonne fühlt sich wirklich viel stärker an als bei uns. Es ist, als ob sie durch ein riesiges Vergrößerungsglas auf uns herunterbrennt. Da kann ich mir das Loch im Himmel schon vorstellen.

Gefährliche Tiere haben wir noch keine gesehen, obwohl unser Freund Peter extra für mich in seinem Garten nach Schlangen gesucht hat. Ich glaube, so gefährlich ist es hier gar nicht. Unsere Freunde lachen sich kaputt, wenn wir über gefährliche Tiere sprechen!

Morgens hören wir übrigens oft den *Kookaburra*. Das ist ein Vogel, der wie ein Affe losbrüllt – und zwar richtig laut! Auf Deutsch heißt er „Lachender Hans", obwohl ich nicht finde, dass sein Gebrülle wie Lachen klingt. Aber gesehen habe ich ihn noch nicht.

Übermorgen fahren wir los an die Great Ocean Road. Diese Küstenstraße führt südlich von Melbourne am Meer entlang und soll sehr schön sein. Dort liegen irgendwo echte Schiffswrackteile am Strand. Ich frage mich, ob wir sie tatsächlich finden …

Sogar die ganze Küste heißt „Schiffswrackküste". Klingt spannend, findet Ihr nicht? Was wollt ihr dazu wissen?

Ich denke an Euch und schicke Euch viele Grüsse

Alexander

27.2.2013

Lieber **A**lexander,

wir haben ein bekanntes, australisches Lied gelernt: „Lach, Kookaburra, lach", können uns aber nicht vorstellen, wie der Vogel aussieht. Eher wie eine Amsel oder ein Spatz? Aber jetzt verstehen wir, wieso das Lied mit „lachen" zu tun hat, wenn er „Lachender Hans" heißt ...
Ansonsten ist es hier immer noch eiskalt und wir bauen fleißig Schneemänner.

Das mit dem **Ozonloch** haben wir in der Schule durchgesprochen. Da die Sonne ja in Australien sozusagen „ungefiltert" scheint, haben dort sehr viele Menschen Hautkrebs. Wusstest Du das? Pass also gut auf und setz immer Deinen Hut auf. Auch eincremen solltest Du Dich immer, selbst wenn das wirklich lästig ist!

Hast Du inzwischen tatsächlich ein Schiffswrack entdeckt?
Oder zumindest einen Teil davon?
Wieso heißt gleich die ganze Küste „Schiffswrackküste"?
Sind da wirklich so viele Schiffe untergegangen?
Warum gerade dort? Haben die Kapitäne nicht gut aufgepasst?
Oder konnten die Leute früher nicht so gut segeln?
Bis bald

Deine Klasse 3a

1.3.2013

Liebe **K**inder,

wir haben inzwischen soviel erlebt, dass ich gar nicht weiß, wo ich anfangen soll...

Jetzt sind wir an der Küstenstraße, die **Great Ocean Road** heißt. Hier ist es wirklich sehr schön und wir haben tolle Ausblicke aufs Meer.

Beim Fahren hat meine Mama einen Koala gesehen, der auf allen Vieren am Straßenrand entlang lief. Als mein Papa mit dem Mietwagen umgedreht ist, war er jedoch weg. Ich glaube zwar, sie hat geflunkert, aber sie behauptet felsenfest, dass er da war!

Kurz danach haben wir einen herrlichen Eukalyptuswald entdeckt, in dem ganz viele **Koalas** direkt neben der Straße in den Bäumen hingen. Mindestens 30 Tiere haben wir gesehen, sogar ganz nah. Das war fantastisch! Meistens liegen sie in den Astgabeln und schlafen, aber ein paar haben auch Eukalyptusblätter gefressen. Die Eukalyptusblätter sind für alle anderen Tiere giftig, nur die Koalas können sie verdauen. Doch das macht sie sehr müde, weshalb sie fast ständig schlafen.

Der Name „Koala" kommt aus der Sprache der Ureinwohner und heißt „trinkt nicht". Ja, wirklich, der Koala braucht nicht zu trinken, weil er genug Flüssigkeit aus den Eukalyptusblättern erhält.

Wie viel Flüssigkeit tatsächlich in den Eukalyptusblättern steckt, habe ich nicht herausgefunden, aber sie sind wirklich voller Eukalyptusöl. Ich habe sie nämlich zwischen meinen Fingern gerieben und ganz ölige Hände bekommen. Das roch sehr gut! Überhaupt riecht es überall angenehm nach Eukalyptus. Am besten, ich mache für Euch ein paar Fotos von den Bäumen und Koalas, dann wisst Ihr genau, wie alles aussieht. Schade nur, dass man die Bilder nicht riechen kann.

Auch bunte Papageien, die *Crimson Rosellas*, flogen zwischen den Bäumen herum. Da mir ein netter Australier Vogelfutter geschenkt hat, konnte ich sie füttern. Sie haben sich tatsächlich auf meine Hand gesetzt. Nur mein Handgelenk war danach etwas zerkratzt, weil sie sich so festgekrallt haben.

Etwas später haben wir eine Pause an einem Golfplatz gemacht, wo die Kängurus einfach zwischen den Golfspielern herumhüpfen oder –liegen. War lustig, ihnen zuzusehen. Vielleicht möchten sie ja auch mitspielen?

Wir übernachten jetzt immer auf Caravanparks in Holzhütten, die man mieten kann. Als wir abends in unserer Hütte waren, haben wir dann doch noch ein gefährliches Tier gesehen. Zumindest sah es sehr gefährlich aus. Es war eine 3 bis 4 cm große, gelb-rote Spinne, die an der Wand hing. Mein Papa wollte sie mit einem Glas einfangen, aber meine Mama meinte, in Australien ist das zu gefährlich. Dann hat sie kurzerhand ihren Schuh ausgezogen und zugeschlagen. Da krabbelte die Spinne blitzschnell auf sie zu. Kurz bevor sie ihr Gesicht erreicht hat, hat sie nochmals zugeschlagen. Das war's dann mit der Spinne!
Den *Kookaburra* habe ich immer noch nicht gesehen. Daher weiß ich nicht, wie er aussieht. Aber ich bleibe dran und berichte Euch, sobald wir einen entdeckt haben.

Dafür habe ich heute Nachmittag etwas Anderes, sehr Spannendes angeschaut: den ältesten **Leuchtturm** Australiens. Er wurde 1848 erbaut.

Wir haben gelernt, dass der Leuchtturmwärter mit seiner Familie früher hier lebte und jeden Tag auf den Turm steigen musste, um eine Lampe mit Walfischöl anzuzünden. Die leuchtete über das Meer und zeigte den Schiffen den sicheren Weg. Der Leuchtturmwärter musste aufpassen, dass immer genug Öl in der Lampe war und der Docht nachgeschnitten wurde. Außerdem musste er die Drehvorrichtung für das Licht alle zwei Stunden mit einer Kurbel anleiern. Wie Ihr es sicher schon mal gesehen habt, leuchtet so ein Licht nur kurz auf, weil es gedreht wird.

Heute ist der Leuchtturm immer noch in Betrieb. Die Drehvorrichtung mit der Lampe ist aber eine kleinere, neue. Die funktioniert mit einer modernen Solarlampe vollkommen automatisch.

Einen Leuchtturmwärter zum Aufpassen gibt es aber immer noch. Der hat uns erzählt, dass hier zwischen 1830 und 1930 200 Schiffe gesunken sind. Zumindest hat man so viele gezählt, vielleicht waren es sogar mehr. Dieser Küstenabschnitt ist aber nicht sehr lang, nur 120 km. Weil es gerade hier so viele versunkene Schiffe sind, heißt sie „**Schiffswrackküste**".

Wir haben nachgefragt, wieso gerade dieser Küstenabschnitt so gefährlich ist und Folgendes erfahren:

In der Meerenge hier zwischen Australien und der Insel Tasmanien, der *Bass Strait*, wehen sehr starke Winde. Da sie auf dem 40. Breitengrad liegen, werden sie die "brüllenden 40er" genannt. Sie machen den Schiffen immer noch schwer zu schaffen!

Früher kamen die Europäer mit Segelschiffen nach Australien und waren den Winden hilflos ausgeliefert. GPS gab es natürlich auch nicht. Heute mit Motoren ist es da viel einfacher!

Damals erkannten sie oft zu spät die vielen Felsen, die im Wasser verstreut liegen. Der starke Wind schob die Schiffe auf die Felsen, an denen sie dann zerschellten. Erschwert wurde alles durch meterhohe Wellen, die sich im relativ niedrigen Wasser in dieser Meerenge auftürmen. Häufiger Nebel machte alles noch gefährlicher. Als wir so auf den weiten, stürmischen Ozean blickten, konnten wir uns auch nicht vorstellen, wie man hier heil ankommen konnte.

Die Leuchttürme spielten dabei eine wichtige Rolle. Immerhin kamen täglich Dutzende Schiffe an dieser Küste an. Grund dafür war der Goldrausch um 1850. So nennt man die Zeit, in der alle wie verrückt nach Gold suchten.

Darüber werde ich mehr lernen, wenn wir nach Ballarat fahren. Diese alte Goldgräberstadt wurde originalgetreu, also so wie früher, wieder aufgebaut. Dort kann man auch Gold schürfen, meint Rose.

Doch vorher möchte ich morgen die Reste versunkener Schiffe im Sand sehen, die es an der *Wreck Beach*, also am „Schiffswrackstrand", geben soll. Ob sie wirklich noch dort liegen? Kann ich mir nicht so recht vorstellen. Ich krieg's raus!
Bis morgen

Euer Alexander

2.3.2013

Liebe Kinder,
der Schiffswrackstrand war super, aber wir mussten 376 Stufen hinabsteigen und ziemlich weit am Strand entlang gehen. Das Meer toste stark um uns herum und große Wellen rollten auf die Küste zu. Auf halbem Weg merkten wir, dass die Flut eingesetzt hatte. Das Wasser stieg nämlich! Nun mussten wir uns beeilen, um es auch zurück zu schaffen. Der Strand war voller Felsen und relativ schmal, da war nur wenig Platz zum Laufen.

Weit und breit sahen wir niemanden und mein Papa fragte sich mehrmals, ob es auch der richtige Weg war. Doch dann entdeckten wir ganz klein und weit hinten einen Anker im Sand liegen, daneben die Schraube eines Schiffes. Meine Mama wusste aus dem Reiseführer, dass diese Schiffswrackteile hier einbetoniert wurden. Das soll verhindern, dass sie weggespült oder geklaut werden.

Als wir dort ankamen, hatten sich wegen der einsetzenden Flut bereits kleine Rinnsale um den Anker gebildet, aber wir konnten noch schöne Fotos machen. Plötzlich kam ein australisches Ehepaar und erklärte uns, dass wir noch eine Stunde Zeit hätten bis die Flut ganz da wäre. Somit haben wir es gut zurück geschafft!

Morgen fahren wir nach Ballarat und suchen Gold. Ich bin schon fürchterlich aufgeregt! Was wollt Ihr über den Goldrausch wissen?
Herzliche Grüße

Euer Alexander

3.3.2013

Lieber **A**lexander,

das klingt ja alles sehr spannend! Schade, dass wir hier keine Leuchttürme und Schiffswracks sehen können. Würde uns schon sehr gefallen...
Bitte finde Folgendes in der Goldgräberstadt heraus:

Wie tief liegt das **Gold** vergraben? Welche Werkzeuge braucht man, um an das Gold zu kommen? Gibt es auch so etwas wie einen "Gold-Detektor", der die Fundstelle durch lautes Piepsen verrät?
Oder irgendwelche Tiere, die nach Gold suchen so wie die Trüffelschweine nach Trüffeln?
Wie viel Gold hat man dort bisher gefunden? Richtig große Klumpen?
Gibt es da jetzt immer noch Gold? Hast Du etwas entdeckt?
Das wäre toll! Dann wärst Du steinreich und könntest Dir alles kaufen, was Du willst ... und uns vielleicht auch?
Bring uns doch etwas Gold mit!

Deine Klasse 3a

4.3.2013

Liebe **K**inder,

juhu! Ich habe tatsächlich Gold gefunden, wenn auch nur ganz, ganz wenig. Eigentlich konnte man es kaum erkennen, so wenig war es. Mitbringen kann ich Euch also nichts, tut mir leid.

Ich habe das Gold aus dem Fluss gewaschen, um den herum die Goldgräberstadt **Ballarat** wieder so wie früher aufgebaut wurde. Man schaufelt Kies aus dem Flussbett in eine Pfanne und siebt dann die Steine durch Kreisen der Pfanne langsam heraus. Dauert, macht aber Spaß! Viel Gold gibt es hier allerdings nicht mehr, es reicht nur für die Touristen zum Spaß. Reich kann ich also nicht werden!

Aber im Januar 2013 hat ein Hobby-Goldsucher mit einem Metalldetektor in der Nähe von Ballarat einen großen Goldklumpen entdeckt, der um die fünf Kilogramm schwer war. Während des sogenannten „Goldrauschs" wurde sogar ein Riesenklumpen entdeckt, der ganze 69 Kilogramm wiegt. Das ist der zweitgrößte Goldklumpen, der jemals auf der Welt gefunden wurde. Konnte ich im Goldmuseum anschauen, war fast so groß wie ich!

Es gibt also noch Gold in der Gegend und heutzutage kann man tatsächlich mit einem Metalldetektor suchen. Aber Tiere können das Gold nicht „erschnüffeln", riecht ja nach nichts. Zumindest habe ich nichts zu „goldschnüffelnden" Tieren herausgefunden.

Früher wurde einfach mit Pickel und Schaufel da gegraben, wo bereits jemand etwas entdeckt hatte. Als der Erste Gold gefunden hatte, sprach sich das in Windeseile herum und innerhalb eines Monats waren 1 000 Goldsucher zugange. Bald kamen die Menschen aus aller Welt, um auf den Goldfeldern rund um den Fluss zu schürfen.

Wer aus Europa anreiste, war ganze drei Monate lang auf See bis er Melbourne erreichte - falls sein Schiff nicht an der „Schiffswrackküste" unterging. Anschließend musste er sieben oder acht Tage zu Fuß zu den Goldfeldern laufen. Doch die Stadt Ballarat gab es eigentlich noch gar nicht, es war nur eine Ansammlung von Zelten und einfachen Hütten.

Jeder musste sich für zwei Dollar eine „Schürflizenz" kaufen. Die war einfach ein Stück Papier, das einem das Recht gab, in Ballarat Gold zu suchen. Aber man durfte nur auf einem winzigen Stück Land graben. Mehr als zwei mal zwei Meter waren es gar nicht!

Wer von der Polizei ohne diese Lizenz erwischt wurde, musste fünf Dollar Strafe zahlen. Hatte er das Geld nicht, so kam er ins Gefängnis. Eigentlich wurden die Leute bei der Goldsuche eher ärmer als reicher.

Nachdem sie die Überfahrt und die Schürflizenz bezahlt hatten, brauchten sie ja noch etwas zu essen. Außerdem mussten die Gebühren für die Schürflizenz nach drei Monaten wieder neu gezahlt werden. Oft hatten sie bis dahin aber nur wenig Gold gefunden. Bloß jeder 1000. oder sogar jeder 10 000. wurde wirklich reich davon.

Beim Graben mussten sie auch immer tiefer gehen, bis zu zehn Meter! Damit das Loch nicht einstürzte, brauchten sie Stützbalken. Also fällten sie die Bäume, die in der Gegend wuchsen.

Außerdem hatten die Goldgräber mit eindringendem Wasser und fehlendem Sauerstoff zu kämpfen. Viele überlebten das nicht. Gruben dann auch noch zwei nebeneinander und fanden einen Goldklumpen auf der Grenzlinie ihres kleinen Stück Lands, dann überlebte der Stärkere. Teilen wollte keiner. Es ging also sehr rau zu und nach monatelangem Graben wurde die Stimmung auch nicht besser.

Neben den Europäern kamen auch Chinesen zum Goldsuchen. Sie bewohnten ihren eigenen Bereich und pflanzten als Einzige Gemüse an. Die Europäer wollten sich neben dem Graben nicht auch mit dem Anpflanzen abgeben und aßen meist Lammfleisch, das der Metzger verkaufte. Anderes Fleisch gab es nämlich nicht. Leider hing das Fleisch den ganzen Tag in der Hitze herum. Ich hätte das nicht mehr essen wollen! Hat uns der *Guide*, also Touristenführer, erklärt, der uns alles gezeigt hat. Dann hat er einen alten Blecheimer genommen und uns erzählt, dass viele Leute sogar nur eine Suppe kaufen konnten, die der Metzger in so einem Eimer aus den Tierknochen heraus- gekocht hat. Igitt!

Mit der Zeit reichte es auch den Europäern mit diesem Essen und sie begannen, den Chinesen Gemüse abzukaufen. Die waren scheinbar gut organisiert, denn sie bauten sich sogar ihren eigenen Tempel zum Beten!

Jahre später, als durch einfaches Graben mit Schaufeln kein Gold mehr zu finden war, wurden Minen angelegt. Die lagen ungefähr 50 Meter tief unter der Erde. Und in so eine Mine bin ich tatsächlich mit einem kleinen Zug eingefahren. War toll!

Der Zugführer hat uns erklärt, dass die Arbeiter nur 20 Sekunden Zeit hatten, um aus der Mine zu rennen, wenn das Holz zu ächzen begann. Das war nämlich das Zeichen, dass die Mine einstürzte!

In der Mine wurde zehn Stunden täglich an sechs Tagen pro Woche gearbeitet. Die Arbeiter brachen Steine aus den Wänden, die oben von einer Maschine zerkleinert wurden. Daraus wurde mit Hilfe von Wasser und chemischen Stoffen das Gold extrahiert und konnte zu Goldbarren geschmolzen werden. Um Gold zu schmelzen, muss man es auf circa 1 000 Grad erhitzen. Das konnten wir bei einer Vorführung sehen. Das Gold wurde wirklich flüssig und leuchtete gelbrot!

Ihr wolltet wissen, wie viel Gold es hier gab. Ich habe herausgefunden, dass 1868 der Goldrausch auf seinem Höhepunkt angelangt war: damals lebten hier 64 000 Menschen und es gab 300 Fabriken. In der größten Mine wurden 9,7 Tonnen Gold geschürft. Das sind fast Zehntausend Kilos! Bis die letzte Mine 1918 schloss, hatte man Gold im Wert von 10 Milliarden Dollar zu Tage befördert. Zehn Milliarden… das sind viele Nullen…

Hier laufen übrigens viele Leute in Originalkleidung von damals herum und erzählen Geschichten über das Leben von früher. Sogar Soldaten sind aufmarschiert. Um die Geschichte Australiens zu lernen, kommen ganze Schulklassen hierher. Die habe ich an ihren Schuluniformen erkannt.

Uff, jetzt muss ich ins Bett, denn morgen fliegen wir nach Brisbane. Das liegt ungefähr 2 000 km nördlich von hier. Dann wird es richtig heiß, fürchte ich. Doch auch heute waren es bereits 30 Grad.

Ich hatte ständig Durst und habe viel *Gingerbeer* getrunken. Das ist aber kein Bier, sondern eine süße australische Limonade, die ein bisschen nach Ingwer schmeckt. Wenn sie eiskalt ist, ist sie richtig lecker!

Eingecremt habe ich mich natürlich auch, wie jeden Morgen. Keine Angst, ich passe schon auf mich auf. Und wenn nicht, dann erinnert mich meine Mama daran!

„Heiße" Grüße
Euer Alexander

6.3.2013

Liebe Kinder,
wir sind jetzt seit zwei Tagen in **Brisbane**. Es ist wirklich warm hier, aber es regnet häufig und viel. So hatten wir uns das nicht vorgestellt! Schuld daran sind die Zyklone, die sich draußen auf dem Meer herumtreiben. Zyklone sind Wirbelstürme, die normalerweise zu dieser Jahreszeit im Norden Australiens bleiben und dort viel Regen bringen. Dann drehen sie aufs offene Meer ab und lösen sich auf. Bis hierher kommen sie sonst nicht. Aber in diesem Jahr ist alles anders. Das Wetter spielt irgendwie „verrückt". Muss wohl mit dem weltweiten Klimawandel zu tun haben. Zumindest meinen das einige Australier ...

Leider gibt es in den letzten Jahren immer öfter **Überschwemmungen** in Australien. Besonders schlimm war es 2011, als eine Fläche unter Wasser stand, die so groß wie Deutschland und Frankreich zusammen ist. Kann ich mir gar nicht richtig vorstellen. Und ihr?

Erst vor ein paar Wochen ist der Brisbane River wieder über die Ufer getreten und hat die Innenstadt überschwemmt. Muss wohl sehr, sehr viel geregnet haben! Auf diesem Fluss sind wir in den Regenpausen mit einer Fähre gefahren und haben uns vorgestern die Stadt angesehen.

Vorstellen konnte ich mir auch all die Tiere nicht, die ich gestern in einer Art Wildpark gesehen habe. Ein sehr seltenes und seltsam aussehendes Tier war zum Beispiel der *Quoll*. Der hat ein gepunktetes Fell und sieht einem Tier ähnlich, das „tasmanischer Teufel" heißt.

Wie der Name bereits sagt, lebt dieser „Teufel" auf der Insel Tasmanien, die unter der Südspitze Australiens liegt. Den sonderbaren Namen hat er wegen seinem gruseligen Fauchen, wenn er nach Futter sucht.

Der *Quoll* ist das größte fleischfressende Beuteltier Australiens. Da es nur noch wenige von seiner Sorte gibt, ist er inzwischen vom Aussterben bedroht.

Im Nachttierhaus habe ich endlich ein Schnabeltier gesehen. Es ist die ganze Zeit durchs Wasser geflitzt und war keine Sekunde ruhig. Ich glaube, das Schnabeltier ist jetzt mein Lieblingstier, so putzig war es!

Auch eine außergewöhnliche Eidechse habe ich entdeckt: sie sieht so aus, als ob man ihr den Schwanz abgeschnitten hätte. Ganz ehrlich! Sie heißt Tannenzapfenechse und ist sehr träge. Auf Englisch heißt sie daher „schläfrige Echse", also *Sleepy Lizard*.

Zwei Vögel, deren Namen ich auf Deutsch nicht weiß, haben mir ganz besonders gefallen. Auf Englisch heißen sie **Tawny Frogmouth**. Wenn man das wörtlich übersetzt, bedeutet das „bunter Froschmund". Ob das ihr richtiger deutscher Name ist? Vielleicht könnt Ihr das ja herausfinden?

Jedenfalls sehen sie aus wie Eulen und reißen ihre Schnäbel auf, wenn man nah rangeht. Das tun sie, um Angreifer abzuwehren. Innen sind die Schnäbel nämlich gelb und das erschreckt andere Tiere. Die beiden, die wir gesehen haben, heißen übrigens Cäsar und Kleopatra.

Ansonsten muss ich jeden Morgen nach dem Frühstück Hausaufgaben machen! Denkt also bloß nicht, dass ich hier nur Ferien habe. Außerdem fehlen mir Freunde zum Spielen...

Gut, dass wir morgen zu australischen Bekannten fahren, die zwei Kinder haben. Mit denen werde ich die Grundschule besuchen. Was wollt Ihr über die australische Schule wissen?
Viele Grüße

Euer Alexander

7.3.2013

Lieber Alexander,
bei uns ist es endlich wärmer geworden und der Schnee ist schon fast weggeschmolzen. Aber bei Dir ist es bestimmt richtig heiß, oder?
Bist Du schon braun gebrannt, auch wenn es viel regnet?
Hoffentlich gibt es nicht wieder eine Überschwemmung...
Hast Du denn etwas von der letzten Überschwemmung gesehen, also zum Beispiel kaputte Häuser oder verdreckte Straßen?
Und wo wohnen Eure Bekannten? Im Urwald oder in der Stadt?
Wurde ihr Haus auch schon einmal überschwemmt?
Was ist dann aus ihren Sachen geworden?

Die Tiere, die Du gesehen hast, sind ja komisch! Wir haben im Internet nachgeschaut und herausbekommen, dass der *Tawny Frogmouth* auf Deutsch „Eulenschwalm" heißt, aber gar keine richtige Eule ist. Er gehört nur zur Familie der Eulen.

Warst Du inzwischen in der **Schule**? Wie sieht sie denn aus?
Ist es auch ein altes Gebäude mit mehreren Stockwerken so wie bei uns?
Wie lange haben die Kinder Unterricht? Auch bis Mittag wie wir?
Und was machen sie in den Pausen? Fußballspielen? In einem Pausenhof?
Welche Sportarten betreiben sie überhaupt?
Wir fragen uns auch, welche Sprachen sie lernen müssen. Englisch können sie ja schon... Welche Fächer werden noch unterrichtet?
Haben die Kinder auch hitzefrei oder sind sie die Hitze einfach gewohnt?
Wie heiß war denn der wärmste Tag bisher? 35 Grad oder noch mehr?
Fragen über Fragen ...

Jetzt bist Du beschäftigt, bis Du alle Antworten hast!
Mach's gut und schreibe bald zurück!

Deine Klasse 3a

10.3.2013

Liebe Kinder,

hurra! Ich habe neue Freunde gefunden: Oscar und Dylan. Sie sind 8 und 10 Jahre alt und finden es wahnsinnig aufregend, dass es in Deutschland schneit. Stellt Euch vor, sie haben noch nie Schnee gesehen! Dauernd fragen sie mich danach und wollen uns unbedingt im Winter besuchen kommen. Hier in Brisbane wird es nämlich nie kälter als 5 Grad - und das im August, also mitten im australischen Winter.

Da es jetzt im Sommer auch morgens sehr warm wird, stehen viele Leute schon um 5 Uhr auf. Wir wachen auch früh auf, weil die Vögel so einen Lärm machen. Außerdem fahren ganz viele Leute mit dem Fahrrad zur Arbeit und kommen hier vorbei. Dabei unterhalten sie sich lautstark.

Um sich abzukühlen, haben viele Familien ein eigenes Schwimmbecken, so wie hier. Unsere Bekannten wohnen allerdings nicht im Urwald, sondern in einem Vorort von Brisbane. Bei der letzten großen Überschwemmung 2011 stand ihr Haus wirklich 1,50 m unter Wasser. Davon sieht man jetzt nichts mehr, sie haben alles mühevoll renoviert!

Der Vater und die Kinder besuchten damals gerade Freunde in Sydney, die Mutter war allein zuhause. Als der Fluss zu steigen begann, brachte sie schnell die Wertsachen, die Spielsachen der Kinder, den Fernseher, die Gefriertruhe und den Kühlschrank sowie die Computer mit Hilfe der Nachbarn zu Freunden. Kurz danach trat der Fluss über die Ufer und das ins Haus eindringende Wasser beschädigte Böden, Wände und Möbel.

Wahrscheinlich müssen sie das Haus irgendwann erhöhen, also auf Stelzen setzen, da es immer wieder Hochwasser gibt. Die Häuser hier sind aus Holz gebaut und somit geht das. Übrigens war vor zwei Tagen wieder die Gefahr eines Zyklons, aber der zog dann doch weiter und wir hatten alle Glück!

Beim Hochwasser vor ein paar Wochen kam das Wasser nicht bis hierher zu unseren Bekannten. Auch auf den Straßen in der Innenstadt habe ich nichts gesehen.

Heute Morgen waren wir in der Grundschule von Oscar und Dylan. Vor der Schule stand ein „Schulweghelfer", der aber hier *Lollypop Man* heißt, weil er keine Kelle, sondern ein rundes Stoppschild hält. Das sieht wie ein Lolly aus und deshalb heißt er so.

Die Kinder tragen alle Schuluniformen, die an dieser Schule aus kurzen blauen Hosen und gelben Hemden oder Blusen bestehen. Mädchen tragen auch mal blaue Kleider mit gelbem Kragen. Aber alle, wirklich alle müssen Hüte gegen die Sonne aufsetzen! Ich habe das heute Morgen vergessen und sofort gemerkt, wie sehr mir die Sonne auf den Kopf gebrannt hat.

Wegen der starken Sonne ist der Pausenhof von Sonnensegeln überdacht. Aber es gibt auch eine riesige Rasenfläche mit vielen Bäumen, wo die Kinder in der Pause spielen können.

Die Schule besteht aus mehreren, modernen, flachen Gebäuden und hat etwas ganz Tolles: ein Schwimmbecken im Freien und einen Tennisplatz. Der Unterricht beginnt um 8.45 Uhr und endet um 15.00 Uhr mit einer Pause von 20 und einer von 45 Minuten.

Zu Schulbeginn wird Musik über Lautsprecher gespielt. Dann kommen alle schnell herein. Einige haben nämlich bereits vor Beginn des Unterrichts Tennisstunden oder spielen draußen zusammen. Die Musik fand ich sehr schön. Vielleicht sollten wir das an unserer Schule auch einführen?

Da die Schule länger dauert als bei uns, bekommen die Schüler nur wenige Hausaufgaben. Die schaffen Oscar und Dylan in 15 bis 30 Minuten und machen sie meistens morgens vor der Schule.

Zu den Hausaufgaben gehört ein *Random Act of Kindness*. Das bedeutet, dass die Kinder jemandem einen Gefallen tun müssen. Dadurch sollen sie lernen, hilfsbereit zu sein. Meist helfen sie im Haushalt und die Eltern unterschreiben dafür eine Bestätigung. Außerdem müssen sie zwei Mal pro Woche Sport machen und die Eltern zeichnen es auch ab. Das wird so gehandhabt, damit sich die Kinder genug bewegen.

Die Unterrichtsstunden hier sind Englisch, Sachunterricht, Rechnen, Sport und Kunst.

Wenn die Kinder 12 Jahre alt sind, also nach 6 Jahren Grundschule, gehen sie alle auf die High School. Es gibt somit keine verschiedenen Schularten wie bei uns.

Dort lernen sie dann Japanisch, Chinesisch, Französisch, Italienisch, Spanisch oder Deutsch. Da hier sehr viele Einwanderer aus der ganzen Welt leben, können sie sich mit denen in den verschiedenen Sprachen unterhalten.

Hitzefrei gibt es erst ab 40 Grad, denn alle haben Klimaanlagen in den Häusern und Schulen. Der wärmste Tag des Jahres war bisher „nur" 38 Grad heiß. Im Inneren Australiens, in der Wüste, erreicht das Thermometer aber oft 55 Grad. Kein Wunder, dass da fast niemand lebt! Und bei Rose in Melbourne war es im Januar 45 Grad heiß. Und das, obwohl es eigentlich im Süden kühler ist. Schuld daran ist auch der Klimawandel sagt Rose. Wegen der großen Hitze sind dort viele Waldbrände ausgebrochen. Die Australier haben also einerseits mit Überschwemmungen und andererseits mit Waldbränden zu kämpfen. Ich finde, wir haben es da in Deutschland besser!

Hier wird übrigens nicht so sehr Fussball wie bei uns gespielt, sondern mehr **australischer Fußball** mit einem eiförmigen Ball und mit viel Rumschubsen. Sogar mit den Händen darf man schießen!

Aber hauptsächlich spielen alle *Rugby*. Ich sollte bei einem Training von Oscar und Dylan mitmachen, doch leider war das Spielfeld vom vielen Regen überflutet. Schade, hätte ich gerne ausprobiert!

Rugby spielt sich wie folgt: es gibt zwei Teams mit je 15 Spielern, die Tore schießen müssen. Der eiförmige Ball wird von Spieler zu Spieler geworfen und die Gegner werden geschubst und sogar auf den Boden geworfen. Alle tragen daher Zahnschienen und Kopfschützer, um sich nicht zu sehr zu verletzen.

Außer Rugby spielen die Australier noch sehr gerne *Cricket*. Die australische Nationalmannschaft ist sogar die Erfolgreichste der Welt!

Beim *Cricket* spielen zwei Mannschaften gegeneinander, von denen die eine wirft und die andere schlägt. Der Ball ist nicht so groß wie unser Fußball sondern nur etwas größer als ein Tennisball. Die werfende Mannschaft muss Tore einwerfen, die von der Gegnermannschaft verteidigt werden, indem sie mit einem Holzschläger auf den Ball schlagen. Schaffen sie das, dann müssen sie dem Ball hinterherlaufen. Ich habe das Spiel nicht so ganz verstanden. Am besten wäre, ich könnte einmal zuschauen oder mitspielen. Aber dazu habe ich hier keine Gelegenheit. Ich kann Euch also nicht mehr dazu erklären, tut mir leid!

Der Papa von Oscar und Dylan hat uns gestern Abend noch etwas über seine Arbeit bei der australischen Regierung erzählt. In seiner Abteilung werden **Landrechtsfragen** zwischen den Weißen und den *Aborigines*, also den australischen Ureinwohnern, geklärt. Sogar Rechtsanwälte sind daran beteiligt.

Bevor 1770 Kapitän James Cook und mit ihm die ersten Engländer hier in Australien landeten, war der Kontinent nur von den *Aborigines* bewohnt. Die zogen durch das Land und lebten mal hier, mal dort. Die Engländer legten aber bei ihrer Ankunft fest, wem welches Stück Land gehören sollte und beachteten dabei nicht die Ansprüche der Ureinwohner. Im Gegenteil: sie behandelten sie sehr schlecht und wollten sie loswerden.

Heute gibt es ein Gesetz, das auch den Ureinwohnern Rechte am Land gibt. Dadurch entstehen allerdings Streitereien, die der Papa von Oscar und Dylan zu schlichten versucht. Klingt kompliziert, ist es auch. Um mehr zu erfahren, wollen wir ein Kulturzentrum für australische Ureinwohner besuchen.

Aber vorher fahren wir die Küste entlang und bleiben an Stränden und in Nationalparks. Bin schon gespannt, welche Tiere ich da entdecke.
Liebe Grüsse

Euer Alexander

P.S. Braun gebrannt bin ich nicht, denn ich trage sogar beim Baden Sonnenschutzkleidung. Aber ich habe einen kleinen Sonnenbrand im Gesicht, weil wir am Wochenende in der Nähe von Brisbane Boogieboarden waren! Ein Boogieboard ist kleiner als ein Surfbrett und man legt sich einfach mit dem Oberkörper drauf, um auf den Wellen dahin zu gleiten. Das macht wirklich viel Spaß und ist ganz einfach!

Die Wellen waren super und haben mich sehr weit auf den Strand getragen. Und das in einem Wahnsinnstempo! Ich durfte nur ein paar Meter ins Wasser und bloß da, wo die Flaggen standen, die das Baden erlauben. Am Strand waren auch ständig Rettungsschwimmer. Wenn Ihr die Riesenwellen gesehen hättet, könntet Ihr es verstehen...

14.3.2013

Lieber **A**lexander,
langsam sind wir echt neidisch auf Dich. Boogieboarden würden wir auch gerne ... obwohl Schlittenfahren auch gut ist!
Wo übernachtet ihr denn jetzt? Immer noch auf Caravanparks? Hast Du neue Tiere entdeckt? Was machst Du so den ganzen Tag?

Deine Klasse 3 a

16.3.2013

Liebe **K**inder,
stellt Euch vor, ich habe eine **Angel** bekommen und meinen ersten Fisch gefangen! War klein und nicht essbar, aber immerhin....

Australische Angler haben mir erklärt, dass sich *Pipis* und *Yabbies* gut als Köder eignen. Die *Pipis* sind Muscheln und die *Yabbies* australische Flusskrebse. Diese kleinen Krebse haben ein paar Männer hier am Fluss mit einem Rohr aus dem Sand gesaugt und mir netterweise geschenkt. Dann haben sie mir genau erklärt, wie man sie am Angelhaken befestigt. Hier in Australien angelt und fischt fast jeder. Kinder brauchen dazu keine Erlaubnis wie in Deutschland und somit konnte ich angeln.

Das habe ich in einem Nationalpark gemacht, durch den ein rotbrauner Fluss fließt. Das Wasser hat diese Farbe aufgrund all der Teebäume, deren Blätter den Fluss rot färben. Sogar das Meer war an der Flusseinmündung richtig rotbraun. Während ich mit meiner Angel dastand, landete ein **Pelikan** auf dem Wasser. Richtig majestätisch sah er aus. Und als er sich in die Luft erhob, fiel mir auf, was für riesige Flügel er hatte!

Eine Spinne hab ich auch wieder entdeckt: beim Einsteigen in das Kajak, mit dem wir auf dem Fluss fahren wollten. Bin schnell rausgesprungen und meine Mama hat wieder den Schuh ausgezogen ... Sie hat jetzt Übung ...

Aber ich habe noch weitere Tiere entdeckt: als meine Mama auf der Wiese lag und döste, kam plötzlich ein großer *Goanna*, also ein Waran, vorbei und lief ganz dicht an ihr vorbei. Sie ist vielleicht erschrocken!

Beim Spazierengehen haben wir dann Kängurus direkt vor uns beim Fressen beobachtet. Eins trug sogar ein **Joey**, also ein Kleines, im Beutel! Sie hatten gar keine Angst und wir konnten ihnen lange zusehen. Das war wirklich beeindruckend!

Wir wohnen hier wieder auf einem Caravanpark und haben eine Hütte gemietet. Als es dunkel wurde, hat sich ein Eulenschwalm direkt vor unsere Terrasse gesetzt. Seine Augen funkelten richtig im Dunkeln.

Nachdem wir das Licht gelöscht hatten, sind uns unheimlich viele Sterne am Himmel aufgefallen. Irgendwie scheint es hier mehr **Sterne** zu geben als am europäischen Himmel. Oder man sieht einfach mehr. Wahrscheinlich, weil hier wenig Straßenlicht und sonstiges künstliches Licht die Sicht beeinträchtigt. Außerdem ist die Luft klarer, da es weniger Städte und Industriebetriebe gibt.

Die Milchstrasse war ganz eindeutig zu erkennen. So gut habe ich sie noch nie gesehen! Einige Sternbilder sieht man sogar nur hier auf der südlichen Erdhalbkugel wie zum Beispiel das „**Kreuz des Südens**". Ich war so beeindruckt vom Sternenhimmel, dass ich lange nicht einschlafen konnte. Als ich gerade am Wegdösen war, habe ich jedoch grunzend-brüllende Geräusche gehört. Ganz schön unheimlich war das. Meine Eltern wussten auch nicht, was für ein Tier das sein konnte. Am nächsten Morgen haben wir von unseren Nachbarn erfahren, dass es bloß Koalas waren, die diese Geräusche von sich gegeben haben! Wenn ich das gewusst hätte, wäre ich schneller eingeschlafen...

Heute Nacht schlafen wir wieder woanders, nämlich in einer Jugendherberge. Die hat eine große Holzterrasse mit Blick über den Regenwald. Als wir hier angekommen sind, ist uns lautes Gekreische im Wald aufgefallen. Das klang überhaupt nicht nach Vögeln ...

Die anderen Gäste in der Jugendherberge haben uns erklärt, dass der Lärm von **Flughunden** kommt. Also sind wir dem Gekreische nachgegangen und haben Hunderte von ihnen in den Bäumen entdeckt. Sie sehen so ähnlich aus wie Fledermäuse und waren fürchterlich laut. Und gestunken hat es! Da musste ich aufpassen, dass mir nichts von ihren Exkrementen auf den Kopf fällt! Dann haben wir in einer großen Gemeinschaftsküche mit allen anderen gekocht. Das war lustig, weil jeder aus einem anderen Land kam und viele verschiedene Sprachen gesprochen wurden.

Als wir beim Essen auf der Terrasse saßen, kreischte plötzlich eine Frau vor Schreck laut los und ließ ihre Tasse fallen. Ich bin auch erschrocken und dachte gleich an eine Spinne. Es war aber nur ein großer **grüner Baumfrosch,** der ihr direkt vor die Füße gehüpft ist. Als ich erfahren habe, dass er nicht giftig ist, habe ich mich sogar getraut, ihn auf die Hand zu nehmen. Er war richtig schön groß und grün. Wie der Froschkönig im Märchen!

Eine andere Frau wollte tatsächlich ein Foto von sich, während sie so tat als ob sie den Frosch küsste. Ganz schön verrückte Leute gibt es hier, ich sag's Euch!

Übermorgen geht's zum Kulturzentrum für *Aborigines*.
Was soll ich dort alles für Euch herausbekommen?
Liebe „tierische" Grüße
Euer Alexander

18.3.2013

Lieber Alexander,

hier ist es richtig langweilig im Vergleich zu Australien!
Doch inzwischen haben wir sehr viele Fragen zu den **Ureinwohnern**, den *Aborigines*, gesammelt:

Wie und wo leben sie heute?
Noch so wie früher, also bevor die ersten Europäer kamen?
Gehen sie ganz normal in die Arbeit oder leben sie nur in der Natur?
Wie ernähren sie sich? Gehen sie auf die Jagd?
Wenn ja, nach welchen Tieren jagen sie und welche Waffen benutzen sie?
Wie schützen sie sich vor gefährlichen Tieren wie Schlangen?
Wie viele Ureinwohner leben heute noch in Australien?
Können sie Englisch oder welche Sprache sprechen sie?
Wie unterhält sich der Papa von Deinen Freunden mit ihnen?
Mögen sie ihn oder sind sie ihm feindlich gesinnt?
Was sind diese Landrechte genau?
Welche Musikinstrumente spielen sie?
Wir haben schon etwas über das *Didgeridoo* gehört. Woraus wird es gebaut? Durftest Du versuchen, auf einem zu spielen? Ist es schwierig?

Eigentlich hätten wir noch mehr Fragen, aber dann müsstest Du noch viel länger in Australien bleiben.

Wir warten schon sehnsüchtig auf Deine Antworten ...

Deine Klasse 3a

20.3.2013

Liebe Kinder,

wir haben lange mit einem Nachfahren der australischen Ureinwohner, gesprochen, der sich AJ, also „eidschej" (englische Aussprache der Buchstaben), nennt. Er hat sich viel Zeit für uns genommen, um Eure Fragen zu beantworten. Aber er war ziemlich schwer zu verstehen, da er Englisch mit starkem, australischem Akzent sprach. Zum Glück können meine Eltern gut Englisch. Sie haben mir alles erklärt:

Während die Ureinwohner, die *Aborigines,* früher durch das Land zogen und nicht in Häusern wohnten, hat sich das seit der Ankunft von Kapitän James Cook stark geändert. Heute leben die meisten hier in der Gegend zwischen Brisbane und Sydney ganz normal in Häusern wie die weißen Australier auch. Viele leben auch in Nordaustralien, wo es kaum Städte und Siedlungen gibt. Daher ziehen dort noch einige von ihnen herum und bauen sich manchmal einfache Reisighütten als Schutzunterkünfte.

Die *Aborigines*, die in den großen Städten in Häusern wohnen, müssen genau wie alle anderen Australier Miete und Strom zahlen. Dafür brauchen sie natürlich Geld und eine Arbeit. Viele können jedoch weder lesen und schreiben und finden daher schwer eine Arbeit.

Ich habe gleich nachgefragt, ob sie denn nicht zur Schule gehen so wie wir. Daraufhin hat uns AJ erklärt, dass viele Familien sich nicht dafür interessieren, weil sie es gewohnt waren, herum zu ziehen. Das Land war also normalerweise die Schule der Kinder. Die Älteren brachten dann den Jüngeren Jagen, Fischen sowie das Sammeln von essbaren Pflanzen bei. In den Städten funktioniert das allerdings nicht mehr. Daher sind viele arbeitslos und fühlen sich im eigenen Land fremd. Das gilt aber nicht für alle. Wer lernen will, bekommt finanzielle Unterstützung vom Staat. Dann kann er studieren und findet leichter eine Arbeit.

Während die *Aborigines* früher alle Jäger, Sammler und Fischer waren, besorgen sich die meisten heute ihr Essen ganz einfach im Supermarkt. AJ lachte, als wir das fragten und klopfte sich dabei auf den Bauch mit den Worten: „Ist einfacher und schmeckt auch!" Aber heutzutage könnte er auch nicht so einfach auf die Jagd gehen, hat er uns dann genauer erklärt. Denn es gibt nicht mehr genug Tiere, um sich davon zu ernähren.

Früher wurden Kaninchen, Opossums, Kängurus, Echsen, Schlangen und Emus gejagt. In Nordaustralien stand auch mal Krokodil auf dem Speiseplan. Die kann man heute immer noch essen, aber es sind gezüchtete Tiere, die geschlachtet werden. Auf Krokodil hätte ich ehrlich gesagt nicht wirklich Appetit, obwohl es wie Hühnchen schmecken soll! Auch auf Ameisen, Maden und Würmer hätte ich keine große Lust, aber das wurde und wird im *Bush* wirklich gegessen! Ein Essen aus solchen Tieren und Pflanzen, das man draußen in der Wildnis selbst fängt und sammelt, heißt übrigens *Bushtucker*.

Die essbaren Pflanzen, die sie sammelten und manchmal immer noch sammeln, sind zum Beispiel Wombatbeeren, die als *Blackfellas' lollies*, also Lutscher der schwarzen Leute bezeichnet werden. Die Beeren heißen so, weil die *Wombats* die Wurzeln der Beeren fressen. Außerdem essen die *Aborigines* wilden Spinat, Buschbananen, Buschtomaten aber auch Nüsse, Beeren, Obst und verschiedene Wurzeln. Die Wurzeln werden mit einem speziellen Werkzeug ausgegraben, dem sogenannten „Grabstock".

Zum Fischen nutzten und nutzen sie einerseits Speere aber auch Fischfallen. Diese Fallen sind Körbe, die sie zum Beispiel aus Blättern und Stielen der Pandanuspalme flechten. Dann hängen sie die Körbe ins Meer und warten. Mit der Flut schwemmt es die Fische in die Körbe. Sobald mehrere im Korb sind, wird es eng für die Fische und sie können nicht mehr heraus schwimmen. Kommt dann die Ebbe, sitzen sie fest und die *Aborigines* holen sie heraus. Manchmal vergiften sie auch die Fische mit Hilfe einer bestimmten Eukalyptusart, deren Namen ich nicht genau weiß.

Bei der Jagd benutzten sie Speer und Bumerang, später auch Gewehre. Diejenigen *Aborigines*, die weit weg von den großen Städten im *Bush* leben, machen das immer noch. Die Bumerangs kommen nicht alle zurück. Es gibt nämlich zweierlei: diejenigen, die nicht zurückkommen und zum Jagen von kleineren Tieren benutzt werden und diejenigen, die zurückkommen und zum Aufschrecken von Vögeln eingesetzt werden.

Sie müssen beim Jagen immer gut aufpassen, um nicht auf eine Schlange zu treten. Mehr können sie sich auch nicht schützen! Die Schlangen sind jedoch sehr scheu und die Wahrscheinlichkeit auch nur eine zu sehen, ist sehr, sehr gering. Ich habe ja auch noch keine gesehen ...

Wenn es dunkel wird, sollte man jedoch nicht so einfach einen Ast von der Strasse aufheben ohne genau zu sehen, dass es keine Schlange ist. Davor hat mich ein Mann in Brisbane gewarnt, als ich mich nach einem Stock gebückt habe. Ich glaube aber, es war keine Schlange, denn der Stock hat sich überhaupt nicht bewegt. Habe mich trotzdem nicht mehr getraut, ihn anzulangen!

Ihr wolltet wissen, welche Sprachen gesprochen werden ...
Die *Aborigines* sind in über 50 Stämme mit genauso vielen Sprachen unterteilt. AJ gehört zum Stamm der *Bundjalung* und spricht, wie alle Jüngeren, ganz normales Englisch. Die alten Stammessprachen werden nur noch von den Alten gesprochen und an ihre Kinder und Enkel weiter gegeben.

Hier ein paar Wörter in der Sprache der *Gumbaingirr* als Beispiel:

Giinagay ngiinda?	Wie geht's?
gargul	Ozean, Wellen
buloongull	Fisch
gooreen	Wind
goloonay	viel Regen

Wie viele Ureinwohner heute in Australien leben ist eine schwierige Frage, weil es niemand so genau weiß. Man schätzt, dass es ungefähr 464 000 sind, also fast eine halbe Million. Sie leben bereits seit 40 bis 60 000 Jahren in Australien und gehören somit zu den ältesten Volksstämmen der Welt. Unglaublich, findet ihr nicht?

AJ meinte jedoch, dass es heute keine reinen *Aborigines* mehr gibt, weil inzwischen alle Mischlinge aus Weißen und *Aborigines* sind. Er zum Beispiel hat eine australische *Aborigine*-Mutter und einen amerikanischen Vater. Eigentlich sah er auch gar nicht so aus, wie ich mir einen „Ur"einwohner vorgestellt habe. Er trug kurze Hosen, Turnschuhe und eine Baseballkappe. Seine Haut war sehr dunkel und seine Haare sehr lockig. Das ist wohl typisch für die *Aborigines*.

Wenn der Papa von Oscar und Dylan mit den Ureinwohnern verhandelt, dann macht er das auf Englisch. Es wird darüber diskutiert, ob sie da campen, fischen oder ein religiöses Fest feiern dürfen, wo ihr Stamm früher gelebt hat und von wo sie verjagt wurden. Es geht also um ein Recht, das Land zu nutzen und genau das ist mit den „**Landrechten**" gemeint.

Da das meiste Land heute weißen Australiern gehört, kommt es leider häufig zu Streitereien. Vor allem, wenn das Land im Besitz einer Bergwerksgesellschaft ist, die Bodenschätze abbauen will. Australien ist reich an Eisenerz, Kohle, Gold, Diamanten und Uran, die in die ganze Welt verkauft werden. Daher ist das Thema, wer was wo machen darf, unheimlich wichtig!

Oscar und Dylans Papa vermittelt im Streitfall zwischen den Weißen und den *Aborigines*, um eine Lösung zu finden. Dabei sind ihm manche Ureinwohner wohl gesinnt und froh, dass er ihnen helfen will, andere eher nicht. Kommt eben auf die Leute an, so wie überall auf der Welt!

Das typische Musikinstrument der *Aborigines* ist das *Didgeridoo*. Es ist ein langes Rohr, das aus dem Stamm eines Eukalyptusbaums hergestellt wird. Den haben vorher die Termiten ausgehöhlt. Um es zu stimmen, wird es in einen Eimer mit Wasser gehalten. Seltsam, oder? Wenn man sein Ohr an ein Ende hält, dann hört man es rauschen so wie in einer Muschel. Konnte ich wirklich hören! Dann habe ich versucht, selber einen Ton heraus zu bekommen, aber es klang nur nach „tröt". Obwohl ich so fest reingeblasen habe, wie ich nur konnte! Wahrscheinlich habe ich es nicht ganz richtig gemacht. AJ hat mir erklärt, dass man wie ein Auto brummen muss, wenn man reinpustet. Bei ihm klang es auch wirklich schön!

Weitere Instrumente der *Aborigines* sind Trommeln, die sie aus Tierhäuten herstellen, Holzstöcke, die sie aneinander schlagen oder Blätter, auf denen sie blasen.

Es gäbe noch sooo viel zu erzählen, aber wir konnten den armen AJ nicht den ganzen Tag lang ausfragen. Er hat sich ja schon viel Zeit für uns genommen. Außerdem fahren wir jetzt weiter nach Port Macquarie. Dort gibt es das einzige Krankenhaus nur für Koalas – auf der ganzen Welt! Ich frage mich, wieso ein Koala überhaupt ins Krankenhaus muss. Und ihr?
Herzliche Grüsse

Euer Alexander

21.3.2013

Lieber Alexander,
Koalakrankenhaus klingt sehr interessant! Ja, auch wir wüssten gerne, weshalb die Koalas ins Krankenhaus gebracht werden. Haben sie bestimmte Krankheiten oder Verletzungen? Woher kommen die? Sind sie vielleicht von den Bäumen gefallen? Wie werden sie behandelt?
Was fressen die kranken Koalas?
Bitte bring uns ein paar Fotos mit!
Deine Klasse 3a

23.3.2013

Liebe Kinder,

das **Koalakrankenhaus** sieht gar nicht aus wie ein richtiges Krankenhaus! Eher wie ein Zoo, weil die Koalas in Gehegen unter den Bäumen leben. Dort haben wir kranke Tiere gesehen, die von Autos angefahren, von Hunden gebissen oder bei Waldbränden schwer verletzt wurden. Von einem Baum kann ein Koala gar nicht fallen, denn er lernt gleich als Koalababy das Klettern und schläft sogar auf Bäumen.

Einige der Koalas im Krankenhaus leiden aber auch an einer Krankheit, die durch Bakterien hervorgerufen wird. Sie haben Augenentzündungen oder starken Ausfluss, der ihren Po verklebt. Die Krankheitserreger, die Bakterien, können vor allem zuschlagen, wenn die Koalas gestresst sind. Und das sind sie immer mehr wegen der vielen Autos und Menschen, aber auch wegen der Hunde, die sie anbellen oder anfallen. Da ihr Lebensraum, die Eukalyptuswälder, durch Abholzung und den Bau von Häusern weniger wird, nimmt der Stress leider jedes Jahr zu.

Gegen die Krankheit bekommen die Koalas Medizin, aber bei großen Verletzungen werden sie operiert. Einem Koala mit Namen *Oxley Kaylee* wurde sogar ein Bein amputiert. Er wurde so stark von einem Auto verletzt, dass sein Bein gebrochen war. Wegen seiner starken Schmerzen konnte er sich kaum bewegen. Da er ein Baby bei sich hatte und die Ärzte ihn nicht einschläfern wollten, hatten sie die Idee, das Bein abzunehmen. Jetzt denkt ihr bestimmt, dass er dadurch noch schlechter klettern kann. Stimmt nicht! Ich habe selbst gesehen, wie er mit nur einem Bein genauso gut wie alle anderen in den Bäumen herum klettert.

Oxley Kaylee ... Ich habe mich über den Namen gewundert und erfahren, dass die Koalas nach dem Ort benannt werden, an dem man sie gefunden hat. Hier also die *Oxley Street* in **Port Macquarie**. Der zweite Name wird von der Person gewählt, die den Koala pflegt. Das wäre hier *Kaylee*.

Die kranken Koalas erhalten jeden Tag frische Eukalyptusblätter von unterschiedlichen Bäumen. Sie sind nämlich sehr wählerisch und fressen von den 600 verschiedenen Eukalyptusarten, die es in Australien gibt, nur Blätter von circa 30 Eukalyptusarten.

Ich habe aber noch etwas sehr Außergewöhnliches erfahren: die Koalababies trinken nicht nur Muttermilch, sondern bekommen auch eine besondere Nahrung, nämlich den Kot der Mütter. Kein Witz! Indem sie den Kot der Mama fressen, kann der Darm bestimmte Bakterien entwickeln. Die brauchen sie um später, wenn sie größer sind, Eukalyptusblätter verdauen zu können. Gut, dass wir keine Eukalyptusblätter essen müssen!

Alle Koalas, die jünger als 18 Monate sind und hier im Krankenhaus leben, werden mit einer Sojamilchmischung gefüttert. Die ganz Kleinen werden von den Pflegern zu sich mit nach Hause genommen und wohnen dort. Nach 12 bis 18 Monaten entlässt man sie in die Wildnis, beobachtet sie aber noch eine Zeitlang. Sie leben dann auf umzäunten Bäumen, wo man sie gut wiederfindet.

Die Koalas sind erstaunlich anhänglich und gewöhnen sich schnell an die neue Bezugsperson. Aber trotzdem sind es keine Kuscheltiere, denn sie haben scharfe Krallen und wehren sich, wenn es ihnen zu viel wird. Wir durften daher kein Tier auf den Arm nehmen.

Der Tag im Krankenhaus heute ist viel zu schnell vergangen und ich würde morgen gerne nochmals hierher kommen. Aber da haben wir schon etwas Anderes vor: wir machen einen Surfkurs. Da freue ich mich schon die ganze Zeit drauf!

Ob ich ein paar Meter weit komme, ohne ins Wasser zu fallen?
Drückt mir die Daumen!

Euer Alexander

24.3.2013

Lieber **A**lexander,

wir können kaum glauben, dass Du einen Koala mit einem amputierten Bein gesehen hast! Ob das auch schon mal mit einem Hund gemacht wurde?
Hast Du es denn bei Deinem Surfkurs geschafft, auf dem Brett stehen zu bleiben oder bist Du gleich wieder ins Wasser gefallen?
Ist es wie Windsurfen, das man hier auf den Seen machen kann?
Ist es schwieriger oder leichter als Skifahren?
Ganz viele Grüße

Deine 3a

25.3.2013

Liebe **K**inder,

ja, ich habe etwas surfen gelernt. „Etwas", weil ich nur kurz gestanden bin, bevor ich wieder ins Wasser gefallen bin! **Surfen** ist Wellenreiten und hat nichts mit Windsurfen auf einem See zu tun. Man hat auch kein Segel am Brett. Skifahren finde ich ehrlich gesagt viel einfacher.

Wir mussten erst auf dem Sand üben, wie man schnell auf das Brett aufsteigt, denn das ist die Kunst. Wenn man zu langsam ist, verliert man leicht das Gleichgewicht und fällt runter!

Bei mir hat es ganz gut geklappt, aber meine Eltern hatten es schwerer mit dem Gleichgewicht. Das Hauptproblem war aber für uns alle, dass man erst mit dem Brett über die Wellen rauspaddeln muss. Das kostet ganz schön viel Kraft! Lange haben wir nicht durchgehalten, dann waren wir hundemüde. Aber es hat viel Spaß gemacht!

Unser Surflehrer sah übrigens etwas komisch aus: er trug Sonnenschutzkleidung, hatte sich sein Gesicht mit einer orangefarbenen Zinkpaste eingecremt und eine Art Bademütze auf dem Kopf, die unter dem Kinn zusammengebunden war.

Er hat uns erklärt, dass er sich besonders gut eincremen muss, weil er den ganzen Tag auf dem Wasser ist. Und dafür gibt es hier bunte Zinkpaste als Sonnencreme. Ich habe mir einen großen blauen Strich über die Nase gemalt. Sah lustig aus und meine Nase wurde diesmal nicht rot von der Sonne!

Morgen besuchen wir ein Informationszentrum im **Regenwald**. Wir haben ja schon mehrere Regenwälder gesehen, aber hier gibt es eine richtige Führung mit Erklärungen. Eine gute Gelegenheit, Eure Fragen anzubringen. Wie lauten sie?
Herzliche Grüße

Euer Alexander

26.3.2013

Lieber **A**lexander,
der Regenwald interessiert uns auch sehr …
Regnet es dauernd dort, weil es „Regen"wald heißt?

Wie viel von Australien ist denn Regenwaldgebiet? War es schon mal mehr? Wenn ja: wie viel Regenwald wurde bisher abgeholzt? Und: wird er jetzt geschützt?

Wie hoch sind die höchsten Bäume? Gibt es auch Kautschukbäume, aus denen Gummi gemacht wird? Oder fleischfressende oder giftige Pflanzen? Wachsen dort auch Heilpflanzen, aus denen Salben oder Arznei hergestellt werden?

Kann man einfach zwischen den Bäumen spazieren gehen wie bei uns?
Welche Tiere leben dort? Auch giftige wie der Pfeilgiftfrosch?
Was hört man alles im Regenwald?

Jetzt haben wir Dir einige schwierige Aufgaben mit auf die Reise gegeben. Aber Du schaffst das schon, schließlich hast Du schon Erfahrung mit unseren Fragen.
Liebe Grüße

Deine Klasse 3a

27.3.2013

Liebe Kinder,
ich habe inzwischen versucht, Antworten auf Eure Fragen zu finden. Der Mann, der uns herumgeführt hat, wusste sehr viel, das hat mir geholfen:

Während bis vor 10 000 Jahren ein Großteil Australiens von Nadel- und Regenwäldern bedeckt war, sind es heute nur noch knapp 1/100 dieses Kontinents. Grund für das Verschwinden der Regenwälder ist das sich verändernde Klima. Die „Regen"wälder heißen nämlich so, weil sie viel und oft Regen benötigen.

Während es früher eher gleichmäßig regnete, ist Australien inzwischen ein sehr trockener Kontinent geworden, wo sich Dürreperioden und Überschwemmungen abwechseln. Das haben wir ja schon in Brisbane gelernt...

Die noch existierenden Regenwälder Australiens befinden sich daher nur an der Ost- und Westküste. Das Landesinnere ist viel zu trocken. Wo früher Regenwälder waren, wächst heute meist Gras oder andere Baumarten, die kein so feuchtes Klima brauchen.

Sicher denkt Ihr, Regenwald ist gleich Regenwald. Das stimmt aber nicht! Die Regenwälder sind nicht alle gleich. Manche sind eher trocken und kühl. Andere sind warm und feucht und heißen „subtropische" Regenwälder. Die „tropischen" Regenwälder sind noch viel wärmer und feuchter. Aber von denen gibt es nur noch ganz wenige im Norden Australiens.

Wir haben bisher die kühleren Regenwälder gesehen und erst jetzt einen wärmeren, subtropischen. Der Boden ist sehr sumpfig und voller Pflanzen und Blätterwerk. Man kann daher nur auf Plankenwegen, also auf Holzstegen, oder festen Wegen spazieren gehen, die im Wald angelegt wurden.

Im Lauf der Jahre wurden zwar Regenwälder abgeholzt, doch seit langem sind sie in Nationalparks geschützt. Leider werden sie immer wieder von Stürmen und Zyklonen verwüstet.

Kautschuk-, also Gummibäume, gibt es nur in Indien und in Indonesien, aber nicht hier in Australien. Die Australier nennen die Eukalyptusbäume zwar *Gum trees* also „Gummibäume", aber sie haben nichts mit dem echten „Gummi" zu tun. Der Stamm gibt allerdings ein Harz ab, das dem Gummi ähnelt. Daher stammt die Bezeichnung.

Für medizinische Zwecke eignet sich der *Tea tree*, der Teebaum, denn sein Öl desinfiziert und hilft bei Verletzungen, Insektenstichen und sogar bei verstopfter Nase. Das ist übrigens der Baum, der auch den Fluss so rot gefärbt hat, an dem ich angeln war. Erinnert Ihr Euch?

Die Höchsten, die Rieseneukalypten, werden 60 bis 100 m hoch und sind die höchsten Laubbäume der Welt!

Das Besondere am Regenwald ist, dass nur ganz, ganz wenig Sonnenlicht durch das dichte Blätterwerk den Boden erreicht. Alle Pflanzen wollen daher nach oben ans Licht. Manche haben sich dafür sozusagen „Tricks" ausgedacht:

Die **Schlingpflanzen** hängen sich an andere Bäume und klettern daran hoch.

Die Epiphyten, die sogenannten **Aufsitzerpflanzen** „kleben" sich richtiggehend oben an die Bäume, die dann „Wirtspflanzen" genannt werden. Doch wie gelangen sie so hoch hinauf? Ganz einfach: ihre Sporen oder Samen werden vom Wind oder von Vögeln übertragen, die die Früchte zuvor gefressen haben. Auch wenn die Epiphyten auf anderen Pflanzen leben, sind sie jedoch keine Parasiten. Parasiten „schmarotzen" nämlich bei anderen Pflanzen und nutzen ihren Wasserstrom, saugen ihnen also das Wasser ab.

Dagegen macht das die **Würgefeige**, auf Englisch *Strangler tree*. Indem sie ihrer Wirtspflanze das Wasser abzapft, „würgt" sie sie einfach ab. Nach einiger Zeit steht dann nur noch die Würgefeige da und innen, wo der alte Baum war, ist alles hohl.

Eine besonders giftige Pflanze ist der *Stinging tree* oder **Brennesselbaum**. Den darf man auf keinen Fall berühren! Das gibt richtige Verätzungen auf der Haut, die durch Berührung mit Wasser noch schlimmer werden. Er soll sogar die schmerzhafteste Pflanze der Welt sein!

Auch fleischfressende Pflanzen gibt es im Regenwald, da habt ihr Recht. In Australien ist es die insektenfressende Kannenpflanze, die wir jedoch nicht gesehen haben.

Giftige Frösche wie Pfeilgiftfrösche leben nicht in Australien, sondern in Südamerika. Dafür gibt es hier Opossums, Buschratten, Vögel, Schmetterlinge, Pythons, Schnecken, Frösche, Spinnen, Warane, Kragenechsen und sehr große Ameisen, die Bulldoggenameisen. Vor Blutegeln sollte man sich auch in Acht nehmen. Mein Papa hatte sogar einen auf seiner Stirn!

Was man am meisten im Regenwald hört sind Vögel, aber auch raschelnde Blätter, die herunterfallen oder durch herumkriechende Tiere Geräusche machen.

Ich hoffe, ich habe Eure Fragen ausreichend beantwortet, denn jetzt muss ich aufhören.

Wir fahren heute noch weiter nach **Port Stephens**, das die „Delphinhauptstadt" Australiens sein soll. 150 Delphine leben angeblich in der Bucht dort. Hoffentlich sehen wir sie! Ostern werden wir in Sydney verbringen. Das sind dann die letzten Fragen, die ich beantworten kann.
Überlegt also genau, was Ihr mir schreibt!

Euer Alexander

28.3.2013

Lieber **A**lexander,
Wahnsinn, was Du alles in Erfahrung gebracht hast! „Delphinhauptstadt"! Gibt es dort wirklich so viele Delphine zu sehen? Einfach so vom Strand aus? Hast Du auch Haifische oder sogar Wale gesehen? Wir haben gehört, dass es in Australien immer wieder Angriffe von Haifischen auf Surfer gibt. Hast Du gar keine Angst beim Baden?

Und dann Sydney: das muss eine tolle Stadt mit vielen Hochhäusern sein! Wo wohnst Du denn da? In einem Hotel? Vielleicht sogar in einem Hochhaus ganz oben? Dann kannst Du über die ganze Stadt blicken!

Ist es eigentlich die größte Stadt in Australien? Auch die Hauptstadt? Hast Du die berühmte Oper von Sydney gesehen? Und die große Brücke, die *Harbour Bridge*?

Wir wüssten auch gerne, wie die australischen Kinder Ostern feiern. Gibt es einen Osterhasen? Und was machst Du an Ostern? Sicher kannst Du zwischen all den Hochhäusern keine Eier suchen, oder?
Bis bald
Deine Klasse 3a

1.4.2013

Liebe **K**inder,
stellt Euch vor, ich habe endlich einen **Kookaburra** gesehen!
Er hat sich beim Frühstück direkt neben den Teller meiner Mutter gesetzt und auf ihr Toastbrot gestarrt. Damit er es ihr nicht klaut, hat sie es ganz schnell gegessen. Er war aber schon ganz nah dran und hatte gar keine Angst!
Der *Kookaburra* ist viel größer als eine Amsel oder ein Spatz. Sein Kopf ist richtig dick und er hat einen kräftigen Schnabel sowie lustige Augen. Zumindest fand ich ihn lustig als er immer so auf das Toastbrot geguckt hat. Schaut einfach selber aufs Foto! Was ihr aber nicht auf dem Foto sehen könnt, ist das unheimlich laute Geschrei, das er morgens veranstaltet. Ich kann Euch sagen: ich habe noch nie einen so lauten Vogel gehört!
Laut sind aber auch die vielen bunten Papageien, die Loris heißen. Mindestens hundert davon sitzen hier in der Bucht in den Bäumen! Dann fangen sie alle gleichzeitig an zu kreischen, vor allem abends. Das ist ein Höllenlärm! Aber wenigstens klingen sie wie „normale" Vögel...

Die Delphine in **Port Stephens** haben wir nur auf einem Ausflug mit einem Katamaran gesehen, also nicht vom Strand aus. Port Stephens ist auch keine große Stadt, wie ich mir das so vorgestellt hatte. Eher ein großer Hafen. Neben Delphinen kann man hier auch Wale beobachten. Aber nicht zu dieser Jahreszeit, sondern nur von Mai bis November. Jetzt ist es ihnen wohl zu warm hier. Vergesst nicht, dass hier gerade Spätsommer herrscht!

Die **Delphine** zu beobachten war auch nicht so leicht, denn sie sind einfach so mitten aus dem Meer herausgesprungen und wir mussten an die richtige Stelle schauen. Aber dann kamen gleich mehrere auf einmal. Toll! Aber 150 Delphine waren es sicher nicht!

Auch schnorcheln konnten wir und Stachelrochen, Seeigel sowie Fische sehen. Vor Haifischen hatte ich wirklich etwas Angst. Aber Haifischangriffe gibt es nicht mehr als 5 bis 10 pro Jahr in ganz Australien. Das haben wir gelesen. Für die riesige Küstenlinie und die vielen Menschen, die hier baden, surfen und tauchen, ist es wohl sehr wenig. Da ist die Gefahr größer, von einem Auto überfahren zu werden. Dennoch schwimmen wir immer nur da, wo *Lifesavers*, also Rettungsschwimmer, aufpassen und wo auch andere Familien baden.

In der Bucht, in der wir geschnorchelt sind, war es sicher, meinte unser Kapitän. Andere Leute aus unserer Gruppe haben aber doch einen kleinen Hai entdeckt. Der war zum Glück ungefährlich! Auch Seeschildkröten haben sie fotografiert und mir die Bilder gezeigt.

Der Kapitän war sehr nett und hat mir einen Seeigel aus dem Meer getaucht, den ich wirklich auf der flachen Hand hielt. Wenn man vorsichtig ist, sticht es gar nicht. Dann hat er mich sogar steuern lassen. Klasse!

Viel besser zum Tauchen und Schnorcheln soll das **Great Barrier Reef** sein. Das liegt circa 2 000 Kilometer nördlich von hier und ist das größte Riffsystem der Welt! Es besteht aus 2 500 einzelnen Riffs und ist 2 000 Kilometer lang. Das ist so als ob zwischen Süd- und Nordeuropa alles voller Riffs wäre!

Bloß schade, dass wir da nicht mehr hinfahren können. Wie gerne würde ich all die Korallen, Muscheln und Fische sehen, die es dort gibt! Nicht zu vergessen die Seeanemonen und Seesterne.

Aber auch unser Ausflug hat viel Spaß gemacht. An dem Katamaran war nämlich seitlich ein Netz befestigt. Da kann man sich reinhängen und mitziehen lassen. Die Australier nennen das *Boomnetting*. War sehr lustig. Das Schiff fuhr allerdings so schnell, dass es mir die Badehose runtergezogen hat. Musste ich schnell festhalten!

Dann ging's weiter nach Sydney. Ja, das ist wirklich die größte Stadt in Australien aber nicht die Hauptstadt. Die heißt Canberra und liegt zwischen Sydney und Melbourne.

Hier in **Sydney** wohnen wir tatsächlich in einem Hochhaus, nämlich in einer Jugendherberge mit Dachterrasse. Von dort aus können wir direkt auf die Oper blicken. Die ist nachts weiß beleuchtet und sieht wunderschön aus, wie ein großes Segel!

Bisher war jeden Abend ein kleines Feuerwerk im Hafen. Vielleicht um die riesigen Kreuzfahrtschiffe zu begrüßen, die hier dauernd ankommen? Mein Papa hat mir erzählt, dass man ungefähr einen Monat lang mit so einem Schiff fahren muss, bis man wieder in Europa ist. Da ist mir fliegen doch lieber …

Auch die berühmteste Brücke der Stadt, die *Harbour Bridge* sehen wir gut von hier oben. Sie ähnelt einem Kleiderbügel, weshalb die Australier sie auch so nennen: *Coathanger*. Manchmal entdecke ich Menschen ganz oben auf dem Brückenbogen. Wirklich: man kann mit einer geführten Gruppe über den Bogen laufen und ist dabei durch eine Leine gesichert. Würde ich gerne ausprobieren, doch es ist nur für Erwachsene und Kinder ab 10 Jahren erlaubt. Außerdem ist es sehr teuer!

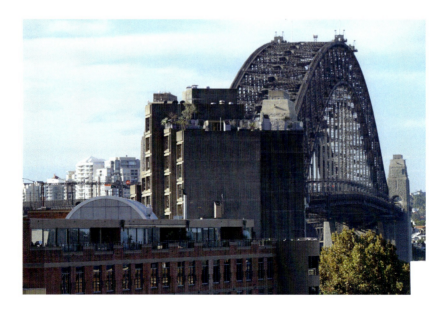

Gestern war **Ostersonntag** und da war viel los: in Sydneys kleinerem Hafen, Darling Harbour, sahen wir vielen Straßenkünstlern zu, die Feuer schluckten, jonglierten oder tanzten. Das war sozusagen der Ersatz fürs Eiersuchen. Aber dann haben meine Eltern noch einen Schokoladenosterhasen für mich im Supermarkt gefunden.

Die australischen Kinder bekommen übrigens so wie wir Schokoladeneier oder Schokoladenhasen zu Ostern, auch wenn vor einigen Jahren keine solchen Hasen mehr verkauft wurden.

Damals sollte der Oster"hase" durch den Oster"*bilby*" ersetzt werden. Das ist ein kleines, australisches Beuteltier mit langer Nase und langen Ohren, ein sogenannter „Kaninchennasenbeutler".

Jetzt fragt ihr Euch sicher, warum gerade der die Ostereier bringen soll, oder? Ich habe mich auch gewundert und herausgefunden, dass Hasen und Kaninchen hier sehr unbeliebt sind, weil sie eine Plage für Pflanzen und Tiere darstellen.

Sie wurden von Europa nach Australien importiert und haben keine natürlichen Feinde. Daher gibt es einfach viel zu viele von ihnen! Aus Protest wurden daher die Schokoladenhasen verbannt.

Doch inzwischen ist es wieder der gute alte Osterhase, der auch hier in Australien zu den Kindern kommt! Zumindest haben wir nirgends so einen „Schokoladen*bilby*" entdeckt ...

Im Hafen von Darling Harbour gibt es ein Schiffsmuseum und dort habe ich das nachgebaute Schiff von Kapitän Cook, die *Endeavour* gesehen. Ein richtig altes Segelschiff ist das! Damit ist er in der Bucht von Sydney gelandet.

Die Engländer fanden Australien jedoch zum Leben nicht sehr interessant und brachten nur ihre Sträflinge hierher, um die Gefängnisse zu leeren.

Als die ihre Strafen abgebüsst hatten, blieben sie einfach. Das wiederum hatte negative Folgen für die *Aborigines*, von denen viele an den eingeschleppten Krankheiten starben oder von den Engländern umgebracht wurden. Ganz schön traurig die Geschichte. Jetzt sitzen immer ein paar *Aborigines* am Hafen von Sydney und machen mit ihren *Didgeridoos* Musik, um etwas Geld zu verdienen ...

Am Abend wurde auf der schönen Dachterrasse unserer Jugendherberge ein *Barbecue*, ein Grillabend, organisiert und es gab große Hamburger mit Kängurufleisch. Schmeckt recht zäh und nicht so toll. Ich habe mir lieber noch einen Hähnchenburger genommen. Dabei habe ich auf die Oper geschaut und gemerkt, dass sie plötzlich blau beleuchtet war!

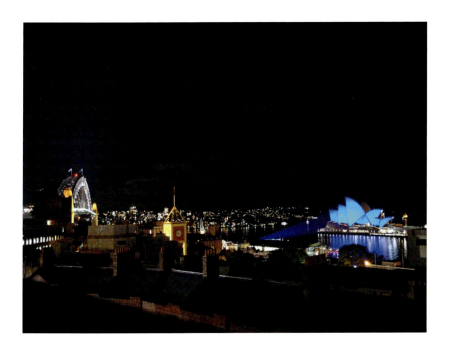

Morgen ist leider unser letzter Tag in Australien. Jetzt bin ich doch traurig, dass diese Reise zu Ende geht. Aber bevor ich abfliege, schreibe ich Euch noch schnell eine allerletzte Mail.

Alexander

1.4.2013

Lieber **A**lexander,
wir wünschen Dir einen guten Heimflug und freuen uns schon sehr auf Dich! Dann musst Du uns unbedingt Deinen Lederhut zeigen ...

Deine Klasse 3a

2.4.2013

Liebe **K**inder,
heute hatten wir noch einmal ganz tolles Wetter und waren ein letztes Mal beim Baden. In Sydney kann man mit der Fähre in nur 20 Minuten an schöne Strände fahren und blickt von Ferne auf die Hochhäuser der Stadt. Da es sehr viele Strände gibt, surfen die meisten Leute nach der Arbeit oder liegen einfach am Strand.

Das würde mir auch gefallen, jeden Tag im Meer baden und surfen gehen! Aber morgen Mittag fliegen wir zurück. Dann sitzen wir wieder über 20 Stunden im Flugzeug. Wie ich das wohl durchstehe? Außerdem ist es in Deutschland sicher viel kälter und dunkler als hier ...

Dafür freue ich mich auf zuhause und auf Euch! Nur noch ein paar Tage, dann komme ich wieder in die Schule und setze gleich meinen Hut auf.
Und dann müssen wir unbedingt in der Pause Fussball spielen!
Bis dann ... wieder am „anderen Ende der Welt"!

Euer Alexander